BEI GRIN MACHT SICH IHR WISSEN BEZAHLT

- Wir veröffentlichen Ihre Hausarbeit,
  Bachelor- und Masterarbeit

- Ihr eigenes eBook und Buch -
  weltweit in allen wichtigen Shops

- Verdienen Sie an jedem Verkauf

Jetzt bei www.GRIN.com hochladen und kostenlos publizieren

Tobias Richter

Beurteilung der Fusion deutscher Banken

GRIN Verlag

Bibliografische Information der Deutschen Nationalbibliothek:

Die Deutsche Bibliothek verzeichnet diese Publikation in der Deutschen National-
bibliografie; detaillierte bibliografische Daten sind im Internet über http://dnb.d-
nb.de/ abrufbar.

Impressum:

Copyright © 2011 GRIN Verlag GmbH
Druck und Bindung: Books on Demand GmbH, Norderstedt Germany
ISBN: 978-3-656-40383-8

GRIN - Your knowledge has value

Der GRIN Verlag publiziert seit 1998 wissenschaftliche Arbeiten von Studenten, Hochschullehrern und anderen Akademikern als eBook und gedrucktes Buch. Die Verlagswebsite www.grin.com ist die ideale Plattform zur Veröffentlichung von Hausarbeiten, Abschlussarbeiten, wissenschaftlichen Aufsätzen, Dissertationen und Fachbüchern.

Besuchen Sie uns im Internet:

http://www.grin.com/

http://www.facebook.com/grincom

http://www.twitter.com/grin_com

Hausarbeit

an der

Hochschule für Technik, Wirtschaft und Kultur Leipzig
Fakultät Wirtschaftswissenschaften
Modul „Wissenschaftliches Arbeiten"
SS 2011

Nr. 7

Beurteilung der Fusion deutscher Banken

Eingereicht von: Tobias Richter

INHALTSVERZEICHNIS

1 Einleitung

Seit Jahrzenten fusionieren Banken weltweit miteinander und der Trend ist bis heute ungebrochen. Zum Teil resultiert dieser Trend aus dem Wesen der Globalisierung. Doch besonders trägt die Informations- und Kommunikationstechnologie dazu bei. Dank ihr entfallen geographische Grenzen und machen Bankmarktstrukturen zugänglich.

Damit Unternehmen dem steigenden Wettbewerbsdruck widerstehen können, müssen Kosten gesenkt und Leistungen gesteigert werden. Fusionen bieten solche Wettbewerbspotenziale. Neben erfolgreichen Zusammenschlüssen wie zwischen den Konzernen VIAG und VEBA zum Energieriesen E.ON oder die Fusion von Dasa und Aerospatiale zur EADS, gibt es auch gescheiterte Zusammenschlüsse. Als Beispiel wäre hier der Zusammenschluss zwischen Daimler-Benz AG und Chrysler zu nennen.

Ebenso versuchen Finanzdienstleister in Deutschland die Potenziale von Fusionen zu nutzen. Aktuellstes Beispiel wäre die Übernahme der Postbank durch die Deutsche Bank zu nennen.

In dieser Hausarbeit werden die Fusionen deutscher Banken beurteilt. Dies geschieht zum besseren Verständnis am Beispiel der Fusion zwischen der Dresdner Bank AG und der Commerzbank AG. Neben der allgemeinen Erklärung zur Fusion, werden die beiden Kandidaten vorgestellt, der Verlauf des Zusammenschlusses näher gebracht und am Ende beurteilt.

2 Fusion

2.1 Begriff

Der Begriff Fusion stammt vom lateinischen Wort *fusio* ab und steht für „Ausgießung, Verschmelzung".[1] In der Betriebswirtschaftslehre findet dieser Begriff Verwendung, wenn sich mindestens zwei oder mehrere Unternehmen zusammenschließen, miteinander verschmelzen. Dabei lösen sich diese Unternehmen von ihrer rechtlichen und wirt-

---

[1] Vgl. Internetrecherche vom 24.06.2011,
http://www.latigrec.ch/sprache/wortgeschichten/index.php?file=1, Wortgeschichten: Latein

schaftlichen Selbstständigkeit und Identität. Als Ergebnis entsteht eine neue rechtliche Unternehmung unter einheitlicher Führung.[2]

2.2 Arten

Angesichts des leistungswirtschaftlichen Zusammenhangs teilt man Fusion in drei Richtungen. Der horizontale Zusammenschluss richtet sich auf ein Unternehmen der gleichen Produktions- und Handelsstufe (Beispiel: mehrere Automobilhersteller oder mehrere Stahlwerke). Beim vertikalen Zusammenschluss verschmelzen Unternehmen aufeinanderfolgender Produktions- und Handelsstufen (Beispiel: Bergbauunternehmen und die Stahlhütte). Die Ausrichtung kann dabei rückwärts oder vorwärts erfolgen. Bei der dritten Richtung, dem konglomeraten Zusammenschluss, fusionieren Unternehmen unterschiedlicher Branchen und/oder unterschiedlicher Produktions- und Handelsstufen.[3] Weiter wird unterschieden, ob die Fusion durch Aufnahme oder in der Neubildung vollzogen wird. Bei der Aufnahme veräußert das übertragende Unternehmen ihr gesamtes Vermögen an das übernehmende Unternehmen und erhält im Gegenzug Aktien. Rechtlich existiert dann nur noch das bestehende Unternehmen. Bei der Neubildung entsteht ein neues Unternehmen, bestehend aus dem Vermögen der vereinigten Unternehmen.[4]

2.3 Motive und Ziele

Primäres Ziel eines Unternehmens, das freiwillig mit einem anderen Unternehmen fusioniert, ist natürlich langfristig seine Leistungsfähigkeit und damit verbundenen Gewinn zu steigern.[5] Daneben werden als Motiv sehr häufig Wirtschaftlichkeitsaspekte aufgeführt. So sollen Synergieeffekte entstehen, die dank der Kombination verschiedenen Leistungsfähigkeiten und Potenziale der zusammengeführten Unternehmen erreicht werden können. Synergieeffekte[6] zeigen sich durch Kosteneinsparungen oder in gestiegenen Erträgen.[7] Neben diesen markantesten Motiven existiert aber auch die Vision nach Verbesserung der Marktposition, einer größeren Marktmacht. Ferner den Wettbewerb einzuschränken und auf internationalen Märkten größeren Einfluss zu nehmen.[8]

---

[2] Vgl. Töpfer, Armin: Betriebswirtschaftslehre: Anwendungs- und prozessorientierte Grundlagen, 2. Aufl., Berlin 2007, S. 1296
[3] Vgl. Wöhe, Günther/Döring, Ulrich: Einführung in die Allgemeine Betriebswirtschaftslehre, 24. Aufl., München 2010, S. 252
[4] Vgl. Jung, Hans: Allgemeine Betriebswirtschaftslehre, 12. Aufl., München 2010, S. 155
[5] Vgl. Wöhe, Günther/Döring, Ulrich: a.a.O., S. 253
[6] Ergebnis des Zusammenwirkens verschiedener Faktoren mit gesteigerten Mehrwert
[7] Vgl. Becker, Diemut: Bankenfusionen: Die Folgen für die Mitarbeiter, Frankfurt am Main 2002, S. 11 f.
[8] Vgl. Wöhe, Günther/Döring, Ulrich: a.a.O., S. 253

Das Gegenteil wäre das Scheitern der Fusion. Neben dem Verlust des investierten Kapitals können auch Imageschäden oder sogar die eigene feindliche Übernahme auftreten.

2.4 Phasen

Der Ablauf einer Fusion ist in drei Phasen zu unterteilen.

Abb. 1: 3 Phasen der Fusion

Quelle: In Anlehnung an Töpfer, Armin: a.a.O., S. 1298

In der ersten Phase wird das eigene Unternehmen analysiert. Resultat ist eine Bilanz, in der die Unternehmensstrategie, Unternehmenskultur und die gesetzten Ziele einbezogen wurden. Dank dieser Analyse entsteht das Anforderungsprofil an den zukünftigen Fusionspartner.[9] Genau dies wird in der zweiten Phase umgesetzt, indem mit der Suche und der Vorauswahl begonnen wird. Das angefragte Unternehmen stellt dem eigenen interne Daten zur Analyse zur Verfügung. Beide verpflichten sich der Geheimhaltung, bezogen auf die Unternehmensdaten. Anschließend folgt der Vertragspart, der aus Absichtserklärung[10], die intensive Prüfung des Zielobjektes, der Prüfung des Kartellamtes, Unterzeichnung des Vertrages und zum Schluss den Übergang der Unternehmen, besteht. Die dritte Phase, die der Integration, beinhaltet den eigentlichen Prozess der Zusammenschließung. Basierend auf einer Integrationspotenzialanalyse der gesamten Bereiche, werden nur jene Bereiche übernommen, die Synergieeffekte generieren. Nebenbei entsteht die Strategie des neuen Unternehmens mit angestrebter Marktpositionierung und Zielen.[11]

---

[9] Vgl. Töpfer, Armin: a.a.O., S. 1298
[10] In Englisch „Letter of Intent", Erklärung des Interesses eines Vertragspartners an Verhandlungen und Abschluss eines Vertrages, ohne rechtliche Bindung
[11] Vgl. Töpfer, Armin: a.a.O., S. 1298

3 Fusion am Beispiel Commerzbank und Dresdner Bank

3.1 Fusionskandidat Dresdner Bank AG

Das Unternehmen wurde auf Initiative des Bankiers Eugen Gutmann und der Freiherren von Kaskel am 12. November 1872 in Dresden gegründet. Das Aktienkapital lag bei 9,6 Millionen Mark. Später folgten mehrere Übernahmen von anderen Kreditinstituten.[12] Eugen Gutmann war seit Gründung der Bank für die Schaffung eines Filialnetzes, zunächst ohne großen Erfolg.[13] Um 1900 herum wuchs die Dresdner Bank AG zu einem Weltunternehmen heran und besaß zahlreiche Filialen im In- und Ausland.[14] Wie andere Kreditinstitute auch, wurde die Bank nach Ende des zweiten Weltkrieges zersplittert.[15] Nach Jahren schlossen sich die Bankhäuser Hamburger Kreditbank AG, Rhein-Ruhr Bank AG und die Rhein-Main Bank AG am 12. April 1957 zur Dresdner Bank AG.[16] Am 1. April 2001 gaben die Allianz AG und die Dresdner Bank AG bekannt, dass sie sich zusammenschließen wollen. Dieses Vorhaben wurde am 7. August 2001 vollzogen.[17]

Um das Profil der Dresdner Bank AG zu vervollständigen und den Kandidaten vor der Fusion mit der Commerzbank AG vorzustellen, werden Kennzahlen aus dem Geschäftsjahr 2008 genannt. Als 100%ige Tochter der Allianz AG betrug die Bilanzsumme der Dresdner Bank AG rund 500 Milliarden Euro und fuhr einen Nettogewinn von 0,4 Milliarden Euro ein. Es waren 26.300 Mitarbeiter, verteilt auf 720 Filialen, angestellt.[18]

3.2 Fusionskandidat Commerzbank AG

Das Unternehmen wurde 1870 von Kaufleuten, Merchant Banker und Privatbankiers als „Commerzbank- und Disconto-Bank in Hamburg" gegründet. Um das Jahr 1900 wurde der Schwerpunkt auf Berlin verlagert und wuchs zu einer der führenden deutschen Großbanken. Nach dem zweiten Weltkrieg und der Teilung Europas verlor die Bank

---

[12] Vgl. Helas, Volker: Die Dresdner Bank in Dresden Architektur und Lebensspuren, Dresden 1998, S. 26 ff.
[13] Vgl. Helas, Volker: a.a.O., S. 41, 53
[14] Vgl. Helas, Volker: a.a.O., S. 60
[15] Vgl. Helas, Volker: a.a.O., S. 76 ff.
[16] Vgl. Meyen, Hans G.: 120 Jahre Dresdner Bank. Unternehmenschronik 1872 bis 1992, 2. Auflage, Frankfurt am Main 1992, S. 161
[17] Vgl. Internetrecherche vom 27.06.2011, https://www.allianz.com/de/presse/news/finanznews/beteiligungen/news74.html, Allianz und Dresdner Bank: Chronologie eines Zusammenschlusses
[18] Vgl. Internetrecherche vom 27.06.2011, http://diepresse.com/home/wirtschaft/international/410354/Commerzbank-kauft-Dresdner-Bank-fuer-98-Milliarden-Euro-, Commerzbank kauft Dresdner Bank für 9,8 Milliarden Euro

45% ihrer Geschäftsstellen, wurde zersplittert und war nur im Westen Deutschlands vertreten. Erst 1958 wurde die Bank in Düsseldorf wiedervereinigt und intensivierte das Privatkundengeschäft in den fünfziger und sechziger Jahren. Zeitgleich entwickelte sich das Unternehmen zu einem internationalen Konzern.[19] Nach weiteren Verschmelzungen mit anderen Unternehmen und Kreditinstituten ist die Commerzbank heute die zweitgrößte Bank Deutschlands[20].

Um eine Beurteilung der Fusion korrekt vornehmen zu können, werden folgend die Kennzahlen der Commerzbank AG vor der Fusion mit der Dresdner Bank genannt. Laut dem Geschäftsbericht im Jahr 2008, betrug Bilanzsumme der Commerzbank AG 625,2 Milliarden Euro. Das Eigenkapital betrug rund 19,8 Milliarden Euro und 43.169 Mitarbeiter waren in 1.646 Filialen angestellt. Der damalige Wert der Aktie lag bei 6,64 Euro je Aktie.[21]

3.3 Ablauf der Fusion

Jede Fusion beginnt mit der Suche nach einem passenden Kandidaten. Sobald dieser gefunden wurde, werden zumeist unter Ausschluss der Öffentlichkeit, Gespräche zwischen den jeweiligen Geschäftsführungsführungen geführt. So fanden auch Gespräche zwischen der Commerzbank AG und der Allianz AG statt.[22] Am 31.08.2008 wurde verkündet, dass die Tochter Dresdner Bank AG an die Commerzbank AG verkauft wird.[23]

Die Commerzbank AG zahlte an die Allianz AG einen Kaufpreis von 9,8 Milliarden Euro.[24] Zu dem Zeitpunkt war die Dresdner Bank an der Börse gerade mal rund zwölf Milliarden Euro wert.[25]

---

[19] Vgl. Internetrecherche vom 26.06.2011,
https://www.commerzbank.de/de/hauptnavigation/konzern/geschichte/1946_bis_1969/1946_bis_1969.ht ml; Geschichte der Commerzbank 1946 bis 1969
[20] Vgl. Internetrecherche vom 26.06.2011, http://www.faz.net/artikel/C30563/commerzbank-wird-zweitgroesste-bank-30271321.html, Commerzbank wird zweitgrößte Bank
[21] Vgl. Internetrecherche vom 26.06.2011,
https://www.commerzbank.de/media/konzern/geschichte/download/CBKonzern_zahlen_2011.pdf, Geschäftsentwicklung Commerzbank-Konzern seit 1967
[22] Vgl. Pauly, Christoph: Zittrige Hände, in: DER SPIEGEL 26/2008, S. 79 ff.
[23] Vgl. Internetrecherche von 26.06.2011,
https://www.allianz.com/de/presse/news/finanznews/beteiligungen/news_2008-08-31.html, Allianz verkauft Dresdner Bank an Commerzbank
[24] Vgl. Internetrecherche vom 26.06.2011, http://www.capital.de/unternehmen/:Dresdner-Bank--Commerzbank-kauft-Dresdner-fuer-zehn-Milliarden-Euro/100014151.html, Commerzbank kauft Dresdner für zehn Milliarden Euro
[25] Vgl. Pauly, Christoph: a.a.O., S. 79

Der Kauf der Bank sollte in zwei Phasen ablaufen. In der ersten Phase wollte die Commerzbank 60,2% der Aktien der Dresdner Bank AG bis Januar 2009 übernehmen. Dazu sollten 1,6 Milliarden Euro in bar und 163,5 Millionen neu emittierte Commerzbank AG Aktien im Wert von 3,4 Milliarden Euro sowie die Tochter Cominvest (damals mit rund 700 Millionen Euro bewertet) an die Allianz AG übertragen werden. Darüber hinaus stellt die Commerzbank AG als Risiko-Garantie für ein Wertpapierportfolio der Dresdner Bank AG 975 Millionen Euro. Das Geld ist zur Deckung möglicher Verluste, die bis 2018 entstehen könnten und würde an die Allianz AG gehen. Die zweite Phase sah vor, dass die Commerzbank bis Ende 2009 die restliche Summe mit eigenen Aktien zahlt und anschließend die letzten verbleibenden 39,8% der Dresdner Bank AG übernimmt. Im Gegenzug dazu hält die Allianz AG anschließend 30% der Aktien der Commerzbank AG im Wert von 3,2 Milliarden Euro.[26]

Im November 2008 kam es zu Nachverhandlungen. Heraus kam, dass die Commerzbank AG statt der 9,8 Milliarden Euro nun nur noch einen Kaufpreis von 5,1 Milliarden Euro für die Dresdner Bank zahlen muss. Ebenso wird die Vereinigung um ein halbes Jahr vorgezogen und soll in einem einzigen Schritt erfolgen. Das der Kaufpreis so massiv gesunken ist, liegt daran das in den Verhandlungen mit der Allianz AG nicht ein fester Verkaufspreis vereinbart wurde, sondern lediglich die Übernahme einer bestimmten Anzahl an Commerzbank AG Aktien. Da unter Wirkungen der Finanzkrise der Finanzmarkt stark unter Schwankungen und Einbrüchen leidet, sank auch der Wert der Commerzbank AG Aktie erheblich. Zudem zahlte die Commerzbank AG den Großteil der Dresdner Bank AG nun in bar und nicht in Aktien. Das hieß, dass nun die Allianz AG künftig auch einen geringeren Anteil am neuen Bankhaus halten sollte. Der bisherige geplante Anteil von 30% sank auf 18,4%.[27] Die Genehmigung des Bundeskartellamtes wurde am 10.12.2008 bekanntgegeben.[28]

---

[26] Vgl. Internetrecherche vom 27.06.2011,
http://www.handelsblatt.com/unternehmen/banken/commerzbank-und-allianz-details-des-deals/3014240.html, Commerzbank und Allianz: Details des Deals
[27] Vgl. Internetrecherche vom 16.06.2011, http://www.spiegel.de/wirtschaft/0,1518,593234,00.html, Commerzbank übernimmt Dresdner zum Schnäppchenpreis
[28] Vgl. Internetrecherche vom 28.06.2011, http://www.finanznachrichten.de/nachrichten-2008-12/12609998-commerzbank-bundeskartellamt-genehmigt-dresdner-uebernahme-015.htm, Commerzbank: Bundeskartellamt genehmigt Dresdner-Übernahme

Am 12. Januar 2009 übernahm die Commerzbank AG die Dresdner Bank AG zu 100%[29]. Mit Umstellung der kompletten IT innerhalb des Unternehmens am 25.04.2011 wurde die letzte Etappe der Fusion erfolgreich abgeschlossen.[30]

Vorstandsvorsitzender der neuen Commerzbank AG ist Martin Blessing.[31] Nach der Übernahme betreute die Bank ein Vermögen von 248 Milliarden Euro bei rund 11 Millionen Privatkunden. 63.076 Mitarbeiter waren verteilt auf 1540 Filialen angestellt. Die Bilanzsumme betrug 1.116 Milliarden Euro.[32]

4 Wertung der Fusion

Schwerpunkt dieser Hausarbeit liegt in der Beurteilung der Fusion deutscher Banken. Es existiert durchaus eine ganze Bandbreite an Kriterien, doch angesichts des beschränkten Umfangs dieser Hausarbeit, werden nur einige ausgewählt und entsprechend am Beispiel der Fusion zwischen Commerzbank AG und Dresdner Bank AG, bewertet.

4.1 Schwierigkeiten während der Fusion

Als es zu Verhandlungen zwischen der Allianz AG und Commerzbank AG kam und als Ergebnis der Verkaufspreis von 9,8 Milliarden Euro veröffentlicht wurde, herrschte weltweit eine Finanzkrise. Der erste Einfluss der Krise trat kurz nach den Verhandlungen, im November 2009 auf. Der Verkaufspreis, der zum größten Teil mit Commerzbank AG Aktien bezahlt werden sollte, musste korrigiert werden. Aufgrund des einbrechenden Aktienkurses betrug der Verkaufspreis insgesamt nur noch 5,1 Milliarden. Diese Schwankung zeigt, wie unberechenbar der Finanzmarkt ist.

Milliardenhohe Kursverluste auf Anleihen zwangen beide Banken zu Eigenkapitalabschreibungen. Die Kernkapitalquote drohte unter 5% zu rutschen. Bei einem Wert unter 5%, müsste die Finanzaufsicht einschreiten.

---

[29] Vgl. Internetrecherche vom 27.06.2011,
https://www.allianz.com/de/investor_relations/investor_relations_mitteilungen/archiv_2009/page2.html,
Transaktion vollzogen
[30] Vgl. Internetrecherche vom 27.06.2011,
http://www.mittelbayerische.de/nachrichten/wirtschaft/artikel/fusion_vollzogen_commerzbank_s/656841/
fusion_vollzogen_commerzbank_s.html, Fusion vollzogen: Commerzbank stellt IT um
[31] Vgl. Internetrecherche vom 28.06.2011,
https://www.commerzbank.de/media/konzern/konzerninfo/vorstand/Blessing_CV_DE_0410.pdf, Martin
Blessing
[32] Internetrecherche vom 28.06.2011, http://www.focus.de/finanzen/banken/tid-11908/bankenfusion-bis-an-die-grenzen_aid_331579.html, Bis an die Grenzen

Am 31. Dezember 2008 erhielt die Commerzbank AG 8,2 Milliarden Euro aus dem EU-Rettungsfond „Soffin" als stille Einlage.[33] Anfang 2009 musste nochmals eine Summe von 10 Milliarden Euro aufgenommen werden. Mit der zweiten Finanzunterstützung hält der Staat einen Anteil an der Commerzbank AG von 25% plus eine Aktie.[34] Ohne diese Unterstützung, wäre der Zusammenschluss zwischen Dresdner Bank AG und der Commerzbank AG wohl gescheitert.

4.2 Entstehende Synergieeffekte und Markteffekte

Schließen sich Unternehmen zusammen und als Ergebnis entsteht ein Mehrwert, ein Wert der höher ist als die eigentlich zusammengeführten Werte, so nennt man diesen Effekt „Synergieeffekt". Diesen Effekt zu erzielen ist natürlich auch Vorhaben der Fusion zwischen der Dresdner Bank AG und Commerzbank AG. Im Jahr 2008 wurde ein Wert von 5 Milliarden Euro Synergien prognostiziert, bestehend aus 3,6 Milliarden Euro operative Synergien und 1,4 Milliarden Euro Kapitalfreisetzung. Diese Effizienzgewinne sollen bis 2012 voll realisiert werden.[35] Um diese Effekte zu erreichen, sind maßgebliche Umstrukturierungen notwendig, wie zum Beispiel die Reduzierung der Bilanzsumme. Nach dem Zusammenschluss, besaß die neue Bank ein Netz von 1540 Filialen. Diese Zahl reduziert sich bis 2012 auf 1200 Filialen, um Filialkosten zu sparen. Trotz der Reduzierung ist eines der dichtesten Filialnetze Deutschlands entstanden. Im Vergleich hatte die Commerzbank AG zuvor nur rund 800 Filialen.[36] Zusätzlichen werden 9000 Stellen abgebaut, davon 6500 im Inland. Bereits Ende 2010 wurden Synergien in Höhe von 1,1 Milliarden Euro erreicht. Diese sollen sich 2014 bis auf 2,4 Milliarden Euro erhöhen, die jedes Jahr erzielt werden. Wenn man dies im Vergleich zu den einmaligen Gesamtintegrationskosten in Höhe von 2,5 Milliarden Euro setzt, ist ein deutlich positiver Effekt zu erkennen. Anfang 2011 wurde als letzen Meilenstein der Fusion wurde die IT des Unternehmens vereinheitlicht[37], ein Synergieeffekt in Höhe von rund

---

[33] Vgl. Mahler, Armin/Pauly, Christoph: Der Musterbanker, in: DER SPIEGEL 46/2008, S. 70 ff.
[34] Vgl. Balzi, Beat/Pauly, Christoph/Reiermann, Christian/Reuter, Wolfgang: Die neue Bundesbank, in: DER SPIEGEL 3/2009, S. 16 ff.
[35] Vgl. Internetrecherche vom 28.06.2011,
https://www.commerzbank.de/media/aktionaere/vortrag/2008/commerzbank_010908_DE.pdf, Commerzbank übernimmt Dresdner Bank
[36] Vgl. Internetrecherche vom 28.06.2011, http://www.welt.de/wirtschaft/article13376590/Commerzbank-schliesst-mehr-als-300-Filialen.html, Commerzbank schließt mehr als 300 Filialen
[37] Vgl. Internetrecherche vom 28.06.2011,
http://www.handelsblatt.com/unternehmen/banken/commerzbank-kunden-sollten-sich-mit-geld-eindecken/4087486.html, Commerzbank-Kunden sollten sich mit Geld eindecken

400 Millionen Euro.[38] Beweis für die erfolgreiche Fusion beider Unternehmen zeigt
sich in der fast kompletten Rückerstattung der Staatsschulden im Jahr 2011. Über 88%
wurden beglichen und bis 2014 soll der Rest gezahlt werden. Prognostiziert werden
weitere Milliardengewinne der neuen Commerzbank AG, der zweitgrößten Bank
Deutschlands.[39]

4.3 Folgen für die Kunden, Mitarbeiter und Geschäftsführung

Für das Gelingen einer Fusion ist die Akzeptanz der Mitarbeiter und der Kunden notwendig. Kunden stehen Bankenfusionen kritisch gegenüber, da sie meist mit Schließung
von Filialen, gar mit Personalabbau verbunden ist. Kein Kunde möchte seinen „Berater
des Vertrauens" verlieren und solidarisiert mit den Betroffenen. Soweit sogar, dass sie
zu einem anderen Kreditinstitut wechseln. So kann eine Beschädigung von Mitarbeiter-
interessen über nachlassendes Engagement das Image des Unternehmens schädigen.[40]

Für den Kunden ändert sich nicht viel. Er behält seine Kontonummer und kann die EC-
Karte weiterhin nutzen.[41]

Mitarbeiter fusionierter Banken haben ebenso mit einer Vielzahl von Veränderungen zu
rechnen. Sie müssen zum einen auf kommende Fragen der Kunden zur Fusion geschult
werden. Zum anderen stellt es eine besondere Herausforderung für die Mitarbeiter dar,
das Geschäftsfeld neu aufzubauen bzw. umzustrukturieren. In fusionierten Unternehmen wird zusätzlich das EDV-System umgestellt. Neben der reibungslosen technischen
Funktionalität, muss auch der Mitarbeiter dieses System beherrschen. Dies verlangt eine
klare Erweiterung der Fachkompetenz.[42]

Herrschen nach dem Zusammenschluss in den Marktbereichen Überschneidungen, muss
anhand der neuen Unternehmensstrategie geklärt werden, inwiefern Stellenabbau in
Frage kommt. In dem Beispiel Commerzbank-Dresdner Bank werden 9000 Stellen abgebaut. Dies hat zur Folge, dass ein Sozialplan erarbeitet und dieser von Arbeitnehmer-
vertretern verhandelt werden muss. Betriebsbedingte Kündigungen mit Abfindungen

---

[38] Vgl. Internetrecherche vom 28.06.2011,
https://www.commerzbank.com/media/aktionaere/vortrag/2011/Q4_2010_Presentation_de.pdf, Commerzbank: Rückkehr zu nachhaltiger Profitabilität
[39] Vgl. Internetrecherche vom 28.06.2011, http://www.manager-
magazin.de/unternehmen/banken/0,2828,767213,00.html, Commerzbank erlöst elf Milliarden Euro
[40] Vgl. Becker, Diemut: a.a.O., S. 54 f.
[41] Vgl. Internetrecherche vom 28.06.2011, http://www.zeit.de/online/2008/36/dresdner_bank_service,
Was sich für Kunden ändert
[42] Vgl. Becker, Diemut: a.a.O., S.65 ff.

und Alterszeit, belasten das Kollegium. Es kann zur Angst und Konkurrenzverhalten der Mitarbeiter untereinander führen und dies folglich zum Leistungsnachlass.

Jedes Unternehmen besitzt eine Geschäftsleitung, die bei einer Fusion vereinheitlicht wird, um eine Verdopplung bzw. unrentable Aufblähung der Führung zu vermeiden. Es besteht die Gefahr, dass Kompromisse geschlossen und Konflikte verlagert werden oder Machtkämpfe entstehen. Es ist wichtig, eine eindeutige Strategie und ein einheitliches Vorgehen zu bestimmen. Statt des Ausscheidens einer nicht übernommenen Führungskraft, kann demjenigen auch eine andere Aufgabe angeboten werden.[43]

5 Fazit

Der Erfolg von Verschmelzungen ist nicht vorauszusehen und Bedarf einer langen und durchdachten Vorbereitungsphase. Viele Faktoren wie Kapitalbestand, Belegschaft und die Marktfaktoren spielen eine Rolle und können über den Erfolg der Fusion entscheiden.

Die Fusionskandidaten müssen in der Lage sein, das notwendige Kapital zu tragen und den Wollen zu besitzen. Dass der Finanzmarkt einbricht und die Aktienwerte stark sanken, konnten die Kandidaten nicht ahnen. Ohne die staatliche Unterstützung wäre die Fusion sehr wahrscheinlich gescheitert. Das zeigt, wie unberechenbar der Markt ist und es einer sehr durchdachten Planung, Strategie und dem notwendigen Kapital bedarf. Die neue Commerzbank AG ist aber auf dem richtigen Weg und wird ihren Marktanteil womöglich steigern und festigen können.

Mit der Fusion zwischen Dresdner Bank AG und der Commerzbank AG ist die zweitgrößte Bank Deutschlands entstanden. Sie besitzt das Potenzial, sich mit der internationalen Konkurrenz zu messen.

Fusionen deutsche Banken sind notwendig, um nicht selbst von ausländischen Finanzdienstleister übernommen zu werden.

---

[43] Vgl. Becker, Diemut: a.a.O., S. 26 f.

Literaturverzeichnis

- Diemut: Bankenfusionen: Die Folgen für die Mitarbeiter, Frankfurt am Main 2002

- Helas, Volker: Die Dresdner Bank in Dresden Architektur und Lebensspuren, Dresden 1998

- Jung, Hans: Allgemeine Betriebswirtschaftslehre, 12. Aufl., München 2010

- Mahler, Armin/Pauly, Christoph: Der Musterbanker, in: DER SPIEGEL 46/2008

- Meyen, Hans G.: 120 Jahre Dresdner Bank. Unternehmenschronik 1872 bis 1992, 2. Auflage, Frankfurt am Main 1992

- Pauly, Christoph: Zittrige Hände, in: DER SPIEGEL 26/2008

- Töpfer, Armin: Betriebswirtschaftslehre: Anwendungs- und prozessorientierte Grundlagen, 2. Aufl., Berlin 2007

- Wöhe, Günther/Döring, Ulrich: Einführung in die Allgemeine Betriebswirtschaftslehre, 24. Aufl., München 2010

Datum	Internet-Adresse	Titel/Thema
24.06.2011	http://www.latigrec.ch/sprache/wortgeschichten/index.php?file=1	Wortgeschichten: Latein
26.06.2011	https://www.allianz.com/de/presse/news/finanznews/beteiligungen/news_2008-08-31.html	Allianz verkauft Dresdner Bank an Commerzbank
26.06.2011	http://www.capital.de/unternehmen/:Dresdner-Bank--Commerzbank-kauft-Dresdner-fuer-zehn-Milliarden-Euro/100014151.html	Commerzbank kauft Dresdner für zehn Milliarden Euro
26.06.2011	http://www.faz.net/artikel/C30563/commerzbank-wird-zweitgroesste-bank-30271321.html	Commerzbank wird zweitgrößte Bank
26.06.2011	https://www.commerzbank.de/media/konzern/geschichte/download/CBKonzern_zahlen_2011.pdf	Geschäftsentwicklung Commerzbank-Konzern seit 1967
26.06.2011	https://www.commerzbank.de/de/hauptnavigation/konzern/geschichte/1946_bis_1969/1946_bis_1969.html	Geschichte der Commerzbank 1946 bis 1969
27.06.2011	https://www.allianz.com/de/presse/news/finanznews/beteiligungen/news74.html	Allianz und Dresdner Bank: Chronologie eines Zusammenmenschlusses
27.06.2011	http://diepresse.com/home/wirtschaft/international/410354/Commerzbank-kauft-Dresdner-Bank-fuer-98-Milliarden-Euro-	Commerzbank kauft Dresdner Bank für 9,8 Milliarden Euro
27.06.2011	http://www.handelsblatt.com/unternehmen/banken/commerzbank-und-allianz-details-des-deals/3014240.html	Commerzbank und Allianz: Details des Deals

III

16.06.2011	http://www.spiegel.de/wirtschaft/0,1518,593234,00.html	Commerzbank übernimmt Dresdner zum Schnäppchenpreis
27.06.2011	https://www.allianz.com/de/investor_relations/investor_r elations_mitteilungen/archiv_2009/page2.html	Commerzbank und Allianz: Details des Deals
27.06.2011	http://www.mittelbayerische.de/nachrichten/wirtschaft/a rti-kel/fusion_vollzogen_commerzbank_s/656841/fusion_v ollzogen_commerzbank_s.html	Fusion vollzogen: Commerzbank stellt IT um
28.06.2011	http://www.focus.de/finanzen/banken/tid-11908/bankenfusion-bis-an-die-grenzen_aid_331579.html	Bis an die Grenzen
28.06.2011	http://www.manager-magazin.de/unternehmen/banken/0,2828,767213,00.html	Commerzbank erlöst elf Milliarden Euro
28.06.2011	http://www.welt.de/wirtschaft/article13376590/Commer zbank-schliesst-mehr-als-300-Filialen.html	Commerzbank schließt mehr als 300 Filialen
28.06.2011	https://www.commerzbank.de/media/aktionaere/vortrag/ 2008/commerzbank_010908_DE.pdf	Commerzbank übernimmt Dresdner Bank
28.06.2011	http://www.finanznachrichten.de/nachrichten-2008-12/12609998-commerzbank-bundeskartellamt-genehmigt-dresdner-uebernahme-015.htm	Commerzbank: Bundeskartellamt genehmigt Dresdner-Übernahme
28.06.2011	https://www.commerzbank.com/media/aktionaere/vortra g/2011/Q4_2010_Presentation_de.pdf	Commerzbank: Rückkehr zu nachhaltiger Profitabilität
28.06.2011	http://www.handelsblatt.com/unternehmen/banken/com merzbank-kunden-sollten-sich-mit-geld-eindecken/4087486.html	Commerzbank-Kunden sollten sich mit Geld eindecken
28.06.2011	https://www.commerzbank.de/media/konzern/konzernin fo/vorstand/Blessing_CV_DE_0410.pdf	Martin Blessing
28.06.2011	http://www.zeit.de/online/2008/36/dresdner_bank_servic e	Was sich für Kunden ändert

IV